JN412017

마음이 쉬어가는 자리

마음이 쉬어가는 자리

— 이현숙 시집 —

도서출판 천우

● 시인의 말

살다 보면 가슴이 답답하고 숨이 막히도록 턱 밑까지 차오를 때도 있었다. 웃고 떠들고 허허실실 모든 것을 털어내도 고독과 쓸쓸함이 동행할 때도 있었다. 애써 나와는 상관이 없다고 고집하며 살아왔다. 돌아보면 헛되고 헛된 것도 많았고 남은 건 빈 가슴뿐이었다. 그때마다 만난 것이 낙서, 글쓰기, 일기 쓰듯 긁적이며 넋두리하다 나를 사랑하는 방법을 찾았다.

첫 시집 출간이 꿈만 같아 벅차게 설렌다. 감사하고 고맙고 그 어떤 말로도 표현이 어렵다. 두려움과 떨림이 한쪽을 붙잡아 걱정스럽기도 하다. 나의 글이 독자들에게 진정한 울림이 되어 질까, 어느 한 분이라도 나의 시를 읽고 마음의 치유가 얻어진다면, 빛나는 반딧불처럼 반짝이는 진정한 한 사람의 마음을 훔칠 수 있다면, 진심 어린 독자를 기대한다. 바램도 조바심도 두려움과 설레는 가슴을 안고 독자의 곁으로 사부작사부작 다가가 보려 한다.

작은 문학소녀의 꿈이 이루어진 것이다. 호기심 많고 하고 싶은 게 많아서 먹고 싶은 것도 많겠다며 웃어주는 사람도 있다. 한쪽 귀로 내보내면서 힘이 되는대로 나의 도전은 계속 진행형이 될 것이다. 높고 푸른 하늘 아래 넓은 창공이 나의 가장 큰 벤치가 되어 '내 마음이 쉬어가는 자리'를 내어주었다. 뺏기고 빼앗는 것이 아니라 아무나 가질 수 있는 곳이다. 아무런 욕심 없이 걱정 없이 나를 맡길 수 있는 곳이다. 하늘이 허락한 내 마음의 쉼터가 되어 그 벤치에서 나의 글이 꿈틀거리며 나를 사랑하고 보듬었다.

기도하듯 내 삶의 조각들을 하나하나 퍼즐에 채운다. 나머지 미완성 조각들을 내 생에 남은 소풍 길에서 보물찾기하려 한다. 작가로서 부끄럽지 않도록 마음을 연마하며 발전하는 아름다운 삶을 만들겠다. 고운 시심으로 진정한 글감을 찾아 나를 아끼고 사랑한다. 또 다른 사람에게 사랑을 나누어줄 수 있는 그런 사람이 되도록 소망하고 노력한다.

2025년 겨울의 길목에서

운경 이현숙

영혼의 House
그곳이 지상의 낙원

감성철학자 김 천 우
((사)세계문인협회 이사장 · 문학평론가)

마음이 쉬어가는 자리, 그 자리에 머물면 만사가 형통하고 몸도 마음도 새털처럼 사뿐해지니 얼마나 즐겁고 기쁜 일인가! 운경 이현숙 시인의 첫 시집 상재는 내면 깊은 울림이 있고 삶의 애환이 구구절절 시편마다 묻어나 있다.

운경 시인의 시세계는 서정과 감성의 골짜기에서 우려내는 슬픔의 색채도 섬세하고 아늑한 인생등불처럼 정겹고 눈물겹다.

유년 시절의 소박하고 고운 꿈을 품고 불혹의 나이에 詩의 꽃동산에서 빛나는 작가의 길을 당당하게 동행하고 있으니 얼마나 행복한 일인가. 풋풋한 소녀의 감성을 오래도록 품고 가기를 바란다.

운경 시인이 지금까지 두 어깨 가득 싣고 왔던 인생 역마차, 이제는 『마음이 쉬어가는 자리』를 통해 사랑과 희망의 깃발을 휘날리며 영차영차 365일 동백꽃보다 더 빠알간 詩情의 글나무, 언어의 풍성한 열매 맺기를 기도하는 바이다.

서정과 일상의 조화 속에 꽃피는 시심

조 용 연
(시인 · 문학평론가 · 영상감독)

운경 이현숙 시인의 시집 『마음이 쉬어가는 자리』의 출간을 진심으로 축하한다.

더구나 첫 시집의 '설렘과 떨림'은 시인의 이름을 갖게 된 이에게 잊을 수 없는, 강렬한 기억이다. 이현숙 시인은 종합 문예지 월간 『문학세계』에서 시로 등단하며 신인문학상을 수상했고, 수필로도 등단한 문사(文士)다. 광화문 사랑방 시 낭송회와 '문학세계 개인 서재' 활동을 하며 빼곡히 시를 채워나가는, 그야말로 성실한 시인이다. 늦게 시작했지만 동작문인협회에서 기초를 다져나간 그 결실이 생업만큼이나 시업에도 탄력이 붙기 시작한 시인임을 말해준다.

이현숙 시인은 모두 5부로 나누어 시를 배치했다. 1부 「계절의 다툼」, 2부 「나의 공책」, 3부 「마음이 쉬어가는 자리」, 4부 「인생은」, 5부 「작은 국화」이 일상에서 만나는 소소한 대상과 나눈 대화다. 한 자락

구름에도 크레파스로 그리는 아이의 그림 놀이를 보기도 하지만, 꽃 한 송이에도 소녀의 향기를 담기도 한다. 일상으로 돌아오면 우체국이란 국가기관의 한 치도 빈틈없는 업무 과정에 땀 흘리는 동료의 모습을 관찰하고, 어른들끼리의 대화에 '비밀'이라는 참 허술한 약속의 허구와 파문에 대한 이야기를 아프게 기억하는 자기반성도 들어 있다.

> 너에게만 말한다./ 너만 알고 있어라/ 누구나 그렇게 믿고 말한다.// 하지만,/ 너는 또 다른 너에게/ 하지 말라는 말까지 더해서 말한다.// 더욱 신이 나서 더 많이 부풀려서/ 흘러 흘러 거대한 거품을 일고/ 폐수의 웅덩이로 자꾸자꾸 밀어서/ 결코 영원한 비밀은 없다고 말한다.// 비밀은 무덤까지 가져가라 했다/ 바보가 되는 건 한순간이니/ 내 가슴에 묻어라// 내가 지키지 못한 비밀은/ 그 누구도 지켜 줄 수 없으니/ 밝은 내일은 오직 나만의 비밀이다
>
> —「나만의 비밀」 전문

비밀이 자신을 떠나간 순간 더 이상 비밀이 아니라는 사실을 알면서도 인간은 말하고 싶어 하는 본

능에 충실한 자기 모습을 발견한다. 그래도 시인의 비밀은 '미래지향적'이어서 그 조심스러운 앞날 설계를 성원한다.

어느 대학교수가 엮은 『당신을 행복하게 하는 단 하나의 시』라는 책에서 "시란 우리들이 삶에서 겪게 되는 좌절에서 위안을, 슬픔에서 기쁨을 선사하고, 위기를 극복하고 인간답게 살게 하는 데 큰 역할을 한다."라고 정의하고 있다.

시를 쓰는 그 상념의 시간은 단순히 글감을 쫓아가는 숨 가쁜 시간이 아니다. 그 고요의 시간은 성찰을 넘어 선정삼매(禪定三昧)에 드는 면벽(面壁)의 가부좌와 이어져 있다. 이현숙 시인이 더 폭넓은 사유와 자연과의 교감을 익혀서 이내 제2, 제3의 시집을 펴내고, 시를 사랑하는 사람들에게 널리 애송되기를 기대한다.

이 가을의 결실을 거두었으니 다시 한번 축하드리고, 긴 겨울 속에서 시심을 더 눈 틔우시리라 믿는다.

제1부

계절의 다툼

제2부

나의 공책

제3부

마음이 쉬어가는 자리

제4부

인생은

제5부

작은 국화

제1부

계절의 다툼

환절기

여름이 가기 싫다
한 낮을 붙잡고
끈끈한 습도로
일상에서 허덕이고

끈끈하게 붙들려
덥다고 사정을 하지만
밀고 당기는 등살에
기승을 제압하여
깡으로 밀어낸다

눈치 빠른 서늘한 바람
조석으로 살며시 윙크하나
연세의 무거움에 쳐지는
이 몸은 어디서 힘을 훔쳐 오나

빠른 세월

세월이 빠르다고
투덜투덜하면서

따라간 건지
끌려다닌 건지 알 순 없지만

남은 세월
흘러가는 저 구름처럼

보이지 않는
바람에 실려 군소리 없이

순풍 타고
넓은 세상 구경 가자~

달력

어느새 한 해가 또 저물어
마지막 12월 달력을 펼치고
예쁘게 내년 달력이 주인을 기다린다.

덧없이 느껴지는
세월의 무상함이여
떠나는 시간 속에 받은 것을 찾아보자

예쁜 손녀를 얻어 가족이 늘었고
시인으로 공식 인증받아 기쁨도 한 아름
2024년 우수 FC 인증 아홉 번째 달성도 하였다

마음을 비우고 나쁜 기억도 지우고 과욕도 떨치고
가까이하기엔 너무 먼 사람들도 멀리 버리고
빈 그릇에 곱고 밝은 마음 넉넉히 채우자

쓰레기통에 버린 것 다시 주워 오지 않기를 바라며
시간을 약으로 삼고 나를 위로하고 사랑하며
밝고 맑은 새로운 한 해를 맞이해 보자

희망의 봄

파릇파릇 앞을 다투어
나무들이 눈을 뜨니
소리 없이 땅이 열리고
큰소리로 기지개를 켜며
봄소식을 알린다.

꽃이 피고 잎이 나는
성급함도 있고
잎이 나고 꽃을 피우는
기다림도 있지만
아름다운 자태는 하나

새로운 향기로
형형색색 유혹하며
생동하는 봄
용기를 주어
힘내라 재촉도 한다.

희망의 봄 따라
풍성한 결실을 기대하며
열심히 달려라
이마에 땀방울 흘려보자

쉬어가는 봄

빨강 노랑 하양
예쁜 꽃들이 마음을 훔친다.

송이송이 아리따운
그리움이 겹겹이 쌓인다.

도랑물은 졸 졸 졸
개구리는 개굴개굴 노래를 한다.

솔바람은 솔 솔 솔
뺨을 스치며 가슴을 울린다.

곡예하는 청솔모
바쁜 걸음 쉬어가라 붙잡아 세운다.

봄비

촉촉이 적셔주는 봄비
얼었던 대지가
하품하며 기지개를 켜고
어서 일어나라 재촉도 한다.

늦잠 자는
이웃들 너도나도
새싹이 대문을 열며
꿈틀꿈틀 지경을 넓힌다.

얼음 속 내 몸 운동으로
소리 없이 오는 봄
아름다운 봄의 탄생은
달콤한 봄비의 사랑이다

계절의 다툼

봄이 오는 길목에서 부지런히
싹을 틔우는데 겨울이 가기 싫다며
하얀 눈을 펑펑 쏟아 눈보라를 휘둘러
문전박대하며 얼음으로 내쫓는다

봄은 낙심하지 않고 겨울로 가버린 새싹을
끈기로 재생시키며 제 할 일은 다하여
제주도에 유채꽃 고려산에 진달래꽃
황매산에 철쭉까지 아름답게 피워낸다

여름 또한 성급하게 덤비며 큰소리치고
고온과 비바람으로 훼방을 부리지만
봄에 피울까 여름에 피울까 헷갈린 라일락꽃이
벌써 활짝 피어 그윽한 향기로 봄이라 화답한다.

떠나는 봄

하얀 얼굴
붉은 볼에 수줍음 머금고
시선을 붙잡던 아름다운 자태도

봄비에 바람 타고
꽃잎은 소리 없이
눈꽃이 되어 날린다.

그리움이 아프도록
가슴에 머물고
외로움을 떨치며
아쉬움을 남긴 채

태연한 모습으로
순리에 순응하는
사랑의 꽃길이 되어
또 이렇게 봄은 떠난다.

골동품 세탁하는 날

겨울 동안 난방을 도와준
책임감 있는 우리 집 커튼
직접 소재를 골라 손수 만들어
지금까지 사용하고 있으니
우리 집에 귀한 골동품
세탁하려고 걷으며 돌아보니 35년을 함께
주름잡아 만든 예전 기본 패턴이지만
소재가 두툼해서 난방비 절감 효과도 제법
색상도 밝은 톤이라 별다른 싫증도 없으니
버리기도 아까운 골동품

유행하는 걸로 교체 생각도 해봤지만
비용도 만만치 않아 멀쩡한 걸 버리기는 낭비
그냥 정으로 같이 살자 붙들고
방과 거실 여러 곳을 떼어내니
세탁기도 수차례 돌아가고

비가 개이고 햇볕은 쨍쨍
바람은 살랑살랑
뒷마당에 빨랫줄도 바쁘다
알뜰한 토요일 청소하고 세탁하고
하루가 벌써 저물어간다

장마의 소리

올해도
제주도에서 시작을 알리고
성급하게 북상하며
악마의 발로 짓밟고 있다

전국으로 쏟아지는 빗소리
비명의 울림이 되니
환영받지 못한 불청객

곳곳에 산사태 발생
침수로 거처가 사라지고
쓰러진 농작물 가슴을 쓸어내리는
농부들의 안타까움이여

폭염과 폭우로 소중한 인명의 피해와
재산 손실이 귓전을 때리니
더 이상 가슴 아픈 사연 남기지 말고
하얀 구름이 되어 저 멀리 흘러가다오

여름휴가

아기자기 조성된 미니 공원
가벼운 산책로 탐방하며 사진도 찍어본다
밖에는 상수원 보호수가 맑게 흐르고
산과 숲으로 어우러진 자연경관이 평화롭다

많이 선호하고 즐긴다는 호캉스
양평에 온천 호텔 배정받고
2박 3일 친구들과 즐겨보자

모든 것이 다 한 곳에서 해결되니
찜통더위에 밖으로 나가지 않아도 좋다
식당 카페 사우나 노천탕 버블탕
폭포탕 깨끗한 수영장 넉넉한 물놀이
온천수로 마무리까지 상쾌한 기분 최고다

맛집을 찾아 한우구이로 점심을 즐기고
아침저녁은 방에서 간편식으로 해결하니
집을 떠나 주방을 떠나 모든 수고 버리고
하하 호호 즐기는 호캉스 다음에 또 가자^^

가을하늘

화창한 가을하늘
뭉게구름 둥실둥실
내 마음도 흐르고

기분 좋은
파란 하늘 도화지
바람화가 작품 전시장

바람의 붓 흩날리며
하얀 물감 하나로
기적 같은 작품들의 변화

예쁘게도 그리고
못나게도 그리고
명품그림 감탄소리

순풍으로 뚝딱뚝딱
그렸다 지웠다
가을하늘 그림놀이 평화롭다

가을비

마음으로 젖고
가슴으로 흐르는
보랏빛 물 글씨

말로 보이지 않는
자분자분한 그리움
못다 그린 솜씨지만

빗줄기 타고 고독을 돌아서라도
그대에게 닿는 손 내밀어
마르지 않는 옹달샘 새겨 놓으리

추석

예년에 없던 무더위 속에
물가는 한없이 치솟는 추석을 맞이한다.

명절 준비 탈피해 보자 하였건만
언제일지 까마득하고

예쁜 손녀를 선물한 며느리는
옆에서 도와주니 고맙고 기특하다

백일도 안 된 손녀가 까르르 소리 내며
웃어주고 옹알이로 화답하니 힘든 줄도 모른다.

작은 마음을 더하여 정성으로 만든 음식
외로운 이웃과 미리 나눔도 감사하고

가족도 더하고 즐거움도 더하고 행복도 더하니
"팔월 한가위만 같아라."는 말이 실감 난다

북적거리다 돌아가면 허전한 마음
챙겨 보내는 넉넉함이 빈 마음에 위로를 얻는다.

단풍잎

온갖 노폐물 짊어진 채
불평하지 아니하고
당당하게 폼 내며
곱게 색동옷 갈아입었네.

많은 사람들의 발길을 붙잡고
카메라 렌즈 앞에서는 멋진 배경으로
화가의 손끝에선 아름다운 풍경화로
시인들에 눈에 띄면 시심을 심어주었네

떨어지면 밟히는 아픔을 알면서도
내 생애 절기를 마감하는 책임과 의무라고
한 해를 마무리하는 보람으로
파릇한 새싹으로 피어나는 새봄을 기다리네.

만추

솔 뫼 가던 바람
늙은 감나무에 매달려
빨간 가을을 에운다.

떨군 옷이 아쉬웠을까
마지막 잎새 흔들어
부끄러움 살포시 가리운다

조용히 맴돌던 고추잠자리
놀란 눈 크게 뜨고 나래 쉬는 척
살며시 바람을 댕기며 엿본다.

하얀 눈 속에 피어나는 동심

하늘에서 하얀 떡가루가 펑펑 쏟아지는 날
잠시 추억 속에 동심으로 여행을 떠나고 있다

고향 들판엔 온통 하얀 솜이불이 깔리고
나뭇가지들은 순백색 옷을 입고 온갖 폼을 재며
장독대 항아리 초가지붕은 두툼한 모자를 썼다

아무도 지나간 적 없는 눈 위에
해바라기꽃 국화꽃 발자국으로 흔적을 내어보며
벌떡 누워 사진 찍기도 해본다.

추운 줄도 모르고 눈을 뭉쳐 쌓고
숯덩이로 눈 코 입 만들고 솔가지 꺾어서
수염도 붙이면 완성된 멋진 눈 할아버지

깜짝 동심에서 깨어나
현실을 마주하니 여기는 도심
빙판길 염려되어 귀가 시간 재촉할 때

자연을 벗 삼아 청결한 눈 세상에서
가장 아름답고 상쾌한
겨울 놀이가 잠시 스쳐 지나갔다

설경

하얀 목화 솜옷으로
우와한 맵시를 과시하며
아름다운 경관을 자랑한다

깨끗하고 차분하고
시원한 안정감이
뼛속까지 스며든다.

새하얀 드레스 입고
발레를 펼치는
백조들의 무대가 연상된다.

정신과 마음을 씻고
"맑음" 한마디로
내 마음의 정의를 내려본다

해빙기

숨 막히게 조여 주던 지면이
꿈틀꿈틀 기지개를 켭니다.

움츠렸던 겨우살이 접고
촉촉하게 피부를 달래며
봄 색시 환영할 준비를 합니다.

얼음이 소리 없이 숨어들고
온 땅이 팔을 벌려
크게 하품하며 주름을 펼 때

생물들이 놀라서
심호흡하는 소리가
성큼성큼 화려한 봄으로 걸어옵니다.

가는 세월

그 누구도
막을 수 없듯이
잡을 수도 없듯이
얼르고 달래보아도
주춤하지도 않아요.

세월아
혼자 가면 안 되겠니?
나를 두고 가면
내 젊음 내 건강 내 사랑
모두가 그대로 일진대~

"웃기지 마라
너를 두고 나만 가면
아주 버려질까 봐
굳이 동행하였단다."

가는 세월 붙잡고
하소연해 본들
쉰 소리 말고
감사하며 따르라 한다

제2부

나의 공책

해돋이

일출은 동해요
일몰은 서해가 아닌가.
어디든 해는 떠오른다.

주고받는 농담 사이
도착한 강화 석모도 섬
한 바퀴를 돌아 동쪽에 내려서니

하늘이 붉어지고 점차 떠오르는
황금빛 둥근 태양은 용이 토하는 여의주인가
빵긋 솟아오른 보물이 시야에 풍덩 들어오고
바닷물에 출렁이는 노을은 황금 가루를 뿌려 놓았다

새해 첫날 해돋이는 내 생애 처음으로 기억
소망을 기도하고 사진도 담아보고 기쁨도 만끽한
2024년은 기적의 해, 축복의 해, 은혜의 해,
건강하게 순풍으로 날아보자~

마장호수

유난히 폭염 속에 허덕이던
기나긴 여름도 힘없이 사라지고

하늘은 높고 말이 살찌는 가을
산들산들 상쾌함을 선물한다.

모처럼 대중교통을 이용한 여유로움
마음이 들썩 몸이 들썩 콧바람 여행

파주에 있는 마장호수 출렁다리
친구 네 사람이 정겹게 호수 위를 건너고

둘레 길도 걸어보는 여유가 최고의 기쁨
호수 둘레길 3.6km 완주할 것 같은 자유로움

맛집을 찾아 매운탕으로 즐거움을 더하니
뭉게구름이 탄성이 터지도록 박수를 친다.

간이역

누군가 기약 없이
기다려 줄 것만 같은
외로운 간이역

특별한 약속도 없는데
쓸쓸한 역사를 홀로
덧없이 서성거린다.

잔잔한 마음에
기대어 줄 그 님은
언제쯤 찾아올까

조용히 밀려오는 나그네 설움
작은 인연 하나 안고 기대어
다음 열차를 기다린다.

우체국의 아침

행복한 직장이란
슬로건을 걸어놓고
이른 아침 분주한 일터

집배 오토바이 택배 탑차
맡은 몫을 땀방울로 채우며 부릉부릉
화단에 꽃들도 미소로 화답한다.

오늘은 어떤 분들이 오시려나,
금융과 우편 창구
기대감이 넘실넘실 손님 맞을 준비 완료
고객 응대 책임과 의무를 즐겨보자

웅성웅성 보험 실
부진한 영업실적 극복하자
대박을 외치는 소리에

목 백일홍 꽃잎도 놀라고

저마다 나를 기다려줄 고객을 찾아
오는 손님맞이 할 채비도 서두르며
한마음으로 동작우체국 파이팅을 외친다.

그림자

바람 불어 흔들려도
울고 웃는 내 마음을 다 아는 듯
변함없이 내 곁에서
나를 지켜주는 유일한 너

밝은 햇살이 쏟아지는 날
마냥 좋아서 반짝반짝
달빛이 찾아오는 밤이면
외로워서 동 동 동

구름이 하늘을 가리우고
어두운 밤이 되면 스스로 휴식을 취하고
소리 없이 나타나는
너는 나의 분신 찰떡궁합 내 그림자

산책길

애벌레로 땅속에서 칠 년을 준비하고
사랑하는 짝을 찾아 한살이 시간 없다
애가 타도록 울어대는 매미들의 합창

솔솔 바람 타고 푸르른 숲속을 스치며
유난히도 슬피 우는 애절함이 맴돌고
산새들의 재잘거림 풀벌레들의 연주까지
숲 속의 멜로디가 귓전을 울린다

크나큰 잣나무 가지를
오르락내리락
청설모의 아슬아슬한 곡예도
시선을 사로잡으니 외롭지 않다

뒷산을 돌고 돌아 둘레길
쉬엄쉬엄 걷노라면
눈과 귀가 숲속 파노라마에 만취되는
마음의 평안함을 얻는 자연의 선물이다

선

절대 필요하고
분명히 지켜야 하는
다양한 선이 있다

가장 눈에 띄는 건
생명선 도로의 차선들
서로의 안전을 위한
무언의 약속이다

뚜렷이 보이지 않아도
나의 인생사
마음의 선 양심의 선
절제의 선 등이 존재하니
자신을 이기는 자만이
탈선 없는 세월을 노래하리라

춘천 여행

설레는 마음으로
용산역에서 ITX 청춘 열차를 탔다
차창 밖 녹음이 우거진 높고 낮은 산들이
잠시 평온함으로 스친다.

호반의 도시 춘천
소양강과 북한강이 만나는
두물머리가 이곳에도 있다
소양강 처녀가 벌써 할머니가 되었다
여의도보다 더 크다는 섬(중도)
지금은 다리가 있어 육지가 되었다.

폭염 탓에 트레킹은 다음으로 미루고
자동차 안에서 눈동자만 바쁘다
드넓게 흐르는 강물은 원 없이 보았고
짙푸른 숲 세도 아쉽지 않았다.

삼악산 케이블카 탑승도
남춘천 오일장 탐방도
열차 시간에 쫓겨 놓친 것이
다시 가고픈 미련을 남겼다.

문학 기행

정동진과 정남진은 익히 알았지만 우리나라 지명에
배꼽이 양구라는 생소함에 놀라게 한다.
파로호 허리에 견고하게 세워진 상무룡 출렁다리

파로호에 인위적으로 흙을 퍼다 만든 한반도 섬
옹기종기 진기명기* 섬세함이 돋보인 수고에 한라산과
지리산을 찍고 백두산까지 시간 내로 전국 일주 끝

산 좋고 물 좋고 공기 좋은 덕일까 인문학 박물관
시인 이해인 소설 박완서 미술 박수근 세 분의
콜라보가 참으로 아름답고 신기할 뿐이다

김형석 안병욱의 철학과 인생관이 살아
숨 쉬는 곳 모두 숙지 못해 아쉽지만
양구의 자랑은 분명 인문학이다

* 진기명기 : 진기한 기술과 아주 훌륭한 연기.

국립 서울 현충원

정숙
수양 벚꽃 스스로 고개를 숙였다
어깨가 버겁도록 눌린 무거운 짐

유난히 휘 늘어진 수양 벚꽃
호국 영영의 못 다 이룬 무게인가
어리석은 백성들의 참회인가

나라의 평안함과 번영을
빌고 또 빌어
만개한 꽃잎이 백발이 되어
훠이~훠이~ 날아간다.

편히 쉬소서

희망 찬 카리스마
기운 넘치던 민중의 욕망
쓸개 같은 고뇌를 삼키고
억누른 수수께끼

부엉이 바위 깨뜨려
막힌 속 뚫어질까
미련한 백성 울리고
임은 그렇게 훨훨 가시었소.

아~아~ 슬프다 아프다
가슴이 터지도록
임이시여 모든 걸 묻고
이제는 편히 쉬소서~

재택근무

극심해진 코로나19로 말미암아
활동이 격상되어 풀리지 않고
어제 확진자 1800명대 돌파에 이어
오늘은 2000명대를 넘을 기세다

대면 영업을 해야 하는
우리는 움츠릴 수밖에 없다
어렵게 실적을 올리느라 참으로 고생이 많다
오늘도 수고했다 고맙다 위로해 본다
어제도 월 마감을 대략 정리하고
오늘부터는 휴가나 다름없는 재택근무
접촉 인원을 줄이기 위해 격일로
나누어 출근하기 때문이다

이제는 시간은 많으나 갈 곳이 없는 현실
어찌 되었거나 집콕, 방콕
창살 없는 감옥 생활이 계속
아~ 너무나 아까운 시간이다
할 일은 많은데 어이 할까나?

절대긍정, 절대감사 하자!
현실에 감사하고 지금에 감사하자
재택 한번 해보자 할 수 있다
희망을 가져본다 파이팅~!!!

나의 공책

오랜만에 다시 찾은 나의 공책
누군가 얘기하고 싶을 때
오로지 나의 벗이 되어주는 너

불평 한마디 없이
그냥 들어주기만 하는 너
쓰고 지우고 제멋대로 마구
그어대도 탓하지 않는 너

잠들지 못하는
공 시간을 채워주는 네가 있어
나는 얼마나 다행인지 모른다.

너무나 고마운 나의 공책
너는 나의 영원한 친구이다

우체국의 하루

해마다 우체국 화단에
당당히 피어나는 하얀 백합
새벽을 여는 직원들의 마음을 깨운다.

나팔수가 모여 만든 꽃 봉오리
탐스러운 꽃잎으로 어우러져
은은한 향기로 바쁜 일손을 재촉한다.

땀 흘린 집배원들까지
다독이는 미소가 너무 예뻐서
즐거움에 취해 또 하루의 용기를 얻는다.

직원들의 따뜻한 미소로
순수한 사랑의 마음을 전하며
우체국 오늘의 업무를 사뿐히 종료한다.

다시 쓰기

여러 가지 이유로 한동안
손을 놓은 지 오래되었다
그동안 잊고 살았다

좋은 생각 글방
추억으로 묻었던 이곳을
즐거웠던 기억으로 더듬어본다.

아이디와 비번
한 번에 실패 없이 바로 열린다.
반가움은 잠깐
모든 창이 낯설고 서툴기만 하다

이곳저곳 기웃거리다
예전에 자주 긁적이던
나만의 책을 겁 없이 만들었던
그때 그 시절이 떠올라
다시 쓰기 해 본다

지하철

많은 사람들의 발이 되어
벅차게 달려오는 지하철
저마다 목적지를 찾아
이동하는 희망찬 물결

모두가 서두른
반짝이는 출근 시간
정확한 시간에
바람과 함께 도착한다

긴 레일 속에
스며오는 삶의 노래
소중한 시간 아껴주는
다정한 지하철

우리 만나는 약속도
미묘한 설렘
기다리는 마음도
따뜻한 전류가 고요히 흐른다.

불청객

그토록 몸조심하라
귀가 따갑도록 들었건만
용케도 알고 뜨끈한 가슴팍이
제자리라고 파고든다.

콜록콜록 헐떡헐떡
주인 잃은 기관지는 쌕쌕
온갖 약물도 문전박대하니
폐렴이란 불청객이 진을 친다.

견디다 못해 지겹도록 싫은
병원 입원 보호자 상주해라
아니면 간병인 상주시켜라
칠십 넘은 어르신은 보호자 필수

혼자 거동이 가능하다 우겨본다
하루이틀 나아진다.
통원 약과 입원치료 약이 다르다
조금씩 호전되어 일주일 만에 도망하듯 퇴원한다.

양구 수목원

대암산 자락에 넓게 자리를 잡은 수목원
신기한 야생화 대신 하얗게 덮인 눈밭 위에
인사하는 멋진 소나무의 환영을 받으며

야생동물 생태관을 만나고 야생화 분재원
하우스에서 봄을 기다리며 띄엄띄엄 오는
손님을 반가이 맞이하는 기이한 분재들도 많다

사계절을 즐길 수 있다는 썰매 타기
동심에 빠져 호탕하게 추억을 소환하니
벌써 불타는 석양이 내일의 행복을 약속한다.

초청해주신 전 군수 전창범 시인의 홍보로
양구의 역사를 새롭게 배우고 현 군수와 더불어
최선을 다하는 "청춘 양구" 살리기 모습이 진정 아름답다

*양구 9경 : 양구수목원, 한반도섬, 두타연, 박수근 미술관, 백자박물관, 펀치볼, 봉화산, 상무룡 출렁다리, 광치계곡.
*양구 9품 : 쌀, 꿀, 시래기, 딸기, 사과, 멜론, 수박, 아스파라거스, 곰취.

행복합니다

아침 인사를 하고
안부를 물어주고
오늘도 행복합니다

행복한 하루의
삶의 끈이 유난히
값지고 굵어 보입니다.

사랑의 힘 긍정의 힘
내가 살아있는 시간이
든든한 밧줄입니다

내가 사랑하는 사람
나를 기억하는 사람
모두가 행복의 원천입니다

따뜻한 사랑에 갇혀
존재의 의미가
더욱 소중함을 깨닫습니다.

행복이 전해지는
내가 존재하기를
영원한 바람입니다.

아침고요 수목원

5000여 종의 식물 변함없이 제자리에서
피고 지고 제 몫을 다하고 있다.
아침의 향기 같은 에덴동산 평온함과
풍요로움을 가진 세계적으로 유명한 수목원

곳곳에 이름 모를 들꽃
잔잔한 야생화가 눈길을 모으고
긴 꽃대에 수많은 꽃술이 피어낸 알리움꽃
많이 피었지만 생소하고 신비롭다

천 년 향 2000년도에 설립자 한상경 교수가
안동의 수몰된 어느 마을에서 옮겨와
아침정원에서 수명을 이어 장수를 뽐내며
고고한 기운이 느껴지는 존엄한 나무이다

풍수를 자랑하듯 서 있는 정자
그 곁에 커다란 연못* 물속에 비친
아름다운 풍경화는 사철을 그려내는 연못 정원의 작품
관람객들이 그냥 지나칠 수 없는 포토존이 자리 잡고 있다

*연못 : 서화연.

제3부

마음이 쉬어가는 자리

외로움

저녁노을 채색되면
눈동자엔
눈물이 고이고

누구라도 볼라치면
먼 하늘 바라보며
티끌이 들어갔나? 몰래 감춘다.

외로움
파도처럼 밀려오고
가슴 깊은 곳에 묻어둔 설움이
작은 어깨를 강렬히 흔들고

잔잔한 호수에 고요가 흐르듯
침묵과 사색에 묻히니
세월의 흐름 속에 삶의 희로애락이 스쳐 간다

부탁을 합니다

가슴에 새긴 사랑
아프도록 그리운 사랑
달빛에 그려 놓고
구름으로 옷을 입혀
나무 위에 걸어 두고
바람으로 날려 달라
부탁을 합니다.

꿈속에서 바라는 사랑
강물 위에 띄워 놓고
거울처럼 비추어
희망으로 품어
미래를 열어 달라
간절히 부탁을 합니다.

나만의 비밀

너에게만 말한다.
너만 알고 있어라
누구나 그렇게 믿고 말한다.

하지만,
너는 또 다른 너에게
하지 말라는 말까지 더해서 말한다.

더욱 신이 나서 더 많이 부풀려서
흘러 흘러 거대한 거품을 일고
폐수의 웅덩이로 자꾸자꾸 밀어서
결코 영원한 비밀은 없다고 말한다.

비밀은 무덤까지 가져가라 했다
바보가 되는 건 한순간이니
내 가슴에 묻어라

내가 지키지 못한 비밀은
그 누구도 지켜 줄 수 없으니
밝은 내일은 오직 나만의 비밀이다

진실

부끄럼 많은 사람들
수줍음 벗어 놓고 영롱한 눈빛이
떨리는 가슴을 노크하며 바르게 살자

밝은 미소가 붉어진
볼을 감추려 하지만
맑고 투명한 거울 속에서 보일까
어둠을 밝히는 등불 앞에서 찾을까

보일 듯 잡힐 듯
어려운 술래잡기
거짓이 잡히니 진실이 따라오네요.

끝내 잡히고 마는 빨간 거짓을 버리고
양심의 문 열어 놓고
하얗고 선한 마음 따라 밝은 진실만 남아주오

마음의 재활용

잊는다는 것은
깊은 곳에 묻어 두고

버린다는 것은
그리움으로 담아
가끔은 꺼내어
재활용도 해 보고

비운다는 것은
추억으로 구속하여
한 구석에 가두어 놓고

폐기 처분할 것을
후회도 하면서
정답이 없는 마음 창고를 열어 본다

유혹을 피하라

이 정도면 괜찮다
누구나 다 하지 않느냐
한 번쯤 해봐라 너는 할 수 있다.

기회 왔을 때 잡아라.
마음을 흔드는 호기심에
자칫 방심하면 유혹으로 빠져들어 간다.

욕망이 우상이 되면 맞지 않는 옷을 입고
자기 합리화하고 선과 악을 분별하지 못한 채
맑은 조언에도 귀를 닫고 유혹으로 빠져들어 간다.

빵 가게 앞을 떠나면
훔치고 싶은 유혹이 사라진다.
어떤 유혹도 절대 피하라

속이고 속는 일이 빈번하니 경계도 필수다
늦은 후회는 되돌아갈 수 없으니~

사랑한다

수고했다 고맙다 사랑한다
부리기만 해서 정말 미안하다
나에게 메일을 보내며 용기를 준다.

밤이면 내게 보낸 글을 보고
달래고 위로하고 다독이며
가슴을 쓸어내리던 시간들

밤마다 컴퓨터랑 친구 되어
타자를 누르며 넋두리하고
글과 벗이 되어 위로를 받던 나

작은 문학소녀의 소박한 꿈
바라고 원하던 시인, 수필 작가가 되었네.
긍정으로 살아온 선물이고 보람이려니
작은 용기를 붙잡고 꽃길만 걸어보자

눈물의 희망

가슴이 저려와 눈물이 나지만
울지 않으리 울지 않으리
지나온 세월이 날 아프게 해도
참아야 한다고 다독여 보네~
미안하다 수고했다 내게 보낸 그 말들이
가슴 깊이 스며들어 남몰래 또 울었네.
슬퍼도 슬퍼도 눈물 보일까 참아야 했어
하지만 가슴속엔 희망이 피어나네.~

외로운 밤에도 혼자서 울었지
울지 않으리 울지 않으리
흐르는 세월에 내 맘을 실어서
하늘에 띄운다. 그리운 사랑이~

미안하다 수고했다 내게 보낸 그 말들이
가슴 깊이 스며들어 남몰래 또 울었네.
슬퍼도 슬퍼도 눈물 보일까 참아야 했어
하지만 가슴속엔 희망이 피어나네.~
오늘도 난 다시 눈물을 닦으며
희망을 안고서 살아가리라~

빈 가슴

모든 것을 빈틈없이
당당하게 자부심을 갖고
자신 있게 뛰었건만
돌아보면 가슴이 비어 있다

사람이 좋아 즐겁고
친구가 좋아 수다 떨었고
이웃이 좋아 웃고 즐기며
행복했던 순간도
돌아보면 가슴이 비어 있다

잘못한 것이 많아 모자람이 흐르는가?
얼마나 허점과 실수가 많았을까?
다른 사람들은 전혀 아닐까?
아닌 척하는 걸까?

유독 나만 가슴이 텅 비어 있는 걸까?
허전함은 외로움의 찐한 친구인가 봐

나의 행복

폭풍 한설이 떠나지 않을 것처럼
극한 삶을 무섭게 흔들고 흔들어도
결코 쓰러지거나 넘어지지 않는다.

따뜻하게 품에 안고 모닥불 피우듯
아름답게 피워낼 나의 봄 나의 가을이
초대하지 않아도 찾아오기 때문이다

고단하지만 작은 소망 안에 그려진 나의 꿈
즐거이 꽃바람 타고 나의 봄 나의 행복이
긍정으로 보듬은 특혜 나의 가을 나의 행복이다

그리움

맑고 청명한 하늘엔
뭉게구름 너울너울
환상적 그림이 경이롭고
그리움 살며시 그대를 향한다.

배롱나무 꽃잎
붉게 물들어
땡볕에 수줍어 살포시
고개 내밀어 손짓하니
그리움 콩닥콩닥
가슴이 뒤뚱거린다

두근두근 들켜버린
뜨거운 심장
붉게 달아오른
수줍은 얼굴
빈 가슴에 감추어도
슬그머니 탈출하여

그리움,
그대를 찾아 떠난다.

믿음 소망 사랑

작은 믿음으로

햇살 반짝이는 봄날에
하늘 무지개 바라기 되어

감사와 기쁨이 가득한
축복의 광주리 붙잡고
아지랑이 춤을 추듯
영원한 소망을 노래하며

아름다운 황혼의
벅찬 가슴으로
꿈이 깨어질까
행복이 날아갈까
꽃길이 조심스러워

두 손 모아
독백으로 믿음을 깨우고
간절함으로
믿음 소망 사랑을 외쳐봅니다

소중한 인연

세월의 줄기마다
걸려있는 인연들
오다가다 스쳐 지나가
뉜 줄도 모르고
묻힌 인연들

어느 것 하나도
희미한 등불 되어
아련히 버티고
밤하늘 뭇별처럼
헤아릴 수 없으니

호호백발 낙엽송 닮아도
감사할 인연들
소중한 인연으로
세월의 줄기를 힘없이 붙잡고
물레방아 돌고 돌아간다.

짝사랑

아름답고 고귀한 선물이었어요.
두근두근 떨림으로
혹여 바람결에 흔들리는 작은 유혹에도
요동하지 않도록 지킴이 되어
사철 변하지 않는
커다란 소나무 같은 버팀목이었어요.

단점보다 장점이 더 많았던
보이지 않는 든든한 그리움
시기와 질투도 부딪침도 없고
작은 시끄러움도 없어요.
애써 허락받을 필요도
누가 알까 불안과 염려도
감히 얼씬 못해요.
저만치서 신나게 응원만 했어요.

잔잔한 가슴에 은은히 맑음으로
울림을 주는 진한 솔향기 같은 아련함
삶이 지치고 고단할 때 잠시 내려놓고
그리움으로 쉬어 갈 수 있는
풍성한 잎새로 넓은 그늘을 내어주던
마음이 너그러운 고마운 짝사랑이었어요.

얄미운 그리움

언제나 설렘으로 떠오르고
어느 것을 보아도 먼저 생각나고
커피잔에도 얼굴이 둥실 먼저 떠 있다

보고 싶을 때 보이지 않고
찾고 싶을 때 더 멀어지는
안개 속에 사라져간 그리움

구름으로 가리우고
그리움으로 애가 타고
미움으로 재가 되어
무관심으로 잊힌 그리움

마음에서 떠나고 눈에서 멀어지는
희미한 추억으로 가물가물 사라진
잊지 못할 얄미운 그리움이여

아름다운 사랑

졸졸 흐르는 물소리
묻혀 노래하는 그리움

두 둥 실 흘러가는 구름
하얀 구름 속 떠도는 나그네

우물물 퍼 올려도
끝없는 갈증이 목이 마르고

모래알같이 많은 사람들
두근두근 밀고 당기는 저울질

어려운 수수께끼 여행길
따뜻하게 함께 갈 수 있다면

아름다운 사랑 그대 안에
반짝이는 별이 되리라

빈손

허공을 올려본들
발아래 내려 본들
어느 것도
내 것이 아닌 것을

아무리 우기고 둘러봐도
거저 받아 누렸건만
얼마나 챙기려고
갖은 애를 썼을까나

아차차~
빈손이라 느낄 때
아니 벌써~ 때는 늦었다
가지고 갈 거 하나 없는데~

그러나 사랑은 영원하리니
맑은 가슴에 채근이 꾹꾹 담아
후하게 나누고 베풀고 비우자

마음이 쉬어가는 자리

높고 푸른 청아한 하늘
하얀 구름이 둥실둥실
신비한 그림 놀이 흠뻑 취해
답답한 나의 마음도 데려간다

파란 창공이 내어주는
가장 넓고 긴 나의 벤치
마음이 쉬어가는 자리

무거운 짐 벗어놓고
마음껏 머물러 쉬어가라
포근한 구름방석 사뿐히 내려준다

어제의 후회와 반성을 다스리고
오늘의 감사와 행복을 보듬으며
내일을 계획하는 에너지를 충전한다.

인간관계

우연이든 필연이든
만나고 헤어지고 관계는 형성된다.

옷깃만 스쳐도 인연이란 우리
서로를 이해하고 양보하며

신뢰하여 좋은 이미지를 남기고
그 거울 속에서 나를 찾아보자

가정에서 이웃에서 또한 직장에서
모두가 더불어 살아가는 우리들

끈끈한 관계를 유지하며
꼭 필요한 존재의 이유가

우리의 일상에서
고운 인성으로 믿음을 얻고
든든한 인간관계를 완성해 보자

그림자의 미완성

너와 나는 비밀이 없는 영원한 술래
오랜 세월 끈끈한 단짝 나의 그림자
멀리 이곳까지 무엇을 찾아왔을까

주름진 가슴이 스미는 긴 터널
넘어지고 일어나고 수없이 반복하던
칠전팔기 오뚝이의 일기도

하루 스물네 시간이 모자라
"나의 분신이 세 개만 더 있으면 좋겠다."
하며 혹사시키던 시절도

굽이굽이 폭풍우 비바람 헤쳐 나온
기쁨과 보람이 주는 감동과 희열도
어설픈 일생 그림자의 미완성

제4부

인생은

고향 생각

꿈에도 그리운
나의 고향 영암 땅
보름달이 떠오르면
월출산 천왕봉이 생각난다.

이름난 도갑사 절이 있고
왕인박사 유적지가 있고
어린 시절 추억이 있고
보고 싶은 친구가 있는 곳

유명한 내 고향 특산품
꽃이 없이 맛 좋은 열매를 주는 무화과
밤 맛 꿀맛 다 가진 황토고구마
쓰러진 소도 일으킨다는 낙지 마을도

아! 그립다
개구리 수영하던 냇물이 그립고
밤하늘 쏟아지게 반짝이는 은하수
그 별이 보고 싶다

나도 할머니

밤이면 잠 못 들고 헤맬 때
밤을 새워 소곤소곤 말벗이 되어 주며
딸이 되고 친구가 되어주던 사랑하는 내 아들
엄마 말이라면 무조건 예, 하고 따라주며
여느 집 딸도 부럽지 않던 듬직한 내 아들
어느 날 며느리의 남편이 되어 버렸다

"어머님 딸 같은 아들 빼앗아서 죄송합니다.
오빠를 더 많이 많이 사랑하며 잘 살게요"
하는 말마다 고운 말만 하니 더 예쁘고
며느리 자랑이 마구마구 쏟아졌다

그런 며느리가 며칠 후면 쑥쑥이(태명)
귀한 손녀를 선물한답니다.
아들을 뺏긴 것이 아니라
복덩이 며느리를 얻었습니다.

손녀 만날 생각에
가슴은 쿵쿵 설렘을 감추고
나도 할머니를 상상해 보며
곧 세상에 나올 쑥쑥이와 노산인 며느리
건강한 해산을 손꼽아 기다립니다.

내 마음 바위자리

성난 파도
아프게 때려도
꿋꿋이 인내로 고집하며
성내지 않고 덤비지 않으리.

여기저기 부서지고 깨어져도
넓은 수평선 벗을 삼아
모난 자리 보드랍게 다듬으며
무거운 고집으로 든든한 버팀목 되리

물새들이 짝을 찾아
둥지를 틀고 평화롭게 춤을 추는
내 마음 바위자리
아름다운 비경으로 남으리.

인생은

인생은
예행연습도 맞지 않고
녹화도 아니 되며

되감기도 할 수 없으니
미리 보기는 더더욱 아니 돼요

둥실둥실 떠가는
뭉게구름 사이에
소중히 저장하여
세월 속에 맡기고

아름다운
추억을 더듬어
즐겨찾기 하면 행복하리요

그리움만

생전에 특별하신 자존심 때문에
당신 편이 되어 드리지도 못했고
흔한 맛집 한 번 동행한 기억 없으니
삶의 무게가 얼마나 버거웠을까요.

어느새 나이 들어가는 자식은

후회가 선물이 되어

애달픈 그리움만 사무칩니다.

쓰라린 빈 가슴 부여잡고

허공에 담아보는 사랑의 메아리
맨발로 달려가 보듬을 수도
목 놓아 소리쳐 불러볼 수도 없으니

저 멀리 까만 기억 속으로
사라져만 가는 어머니~
멍울진 속울음으로
대답 없는 그리움만 사무칩니다.

그리움의 둥지

우수수 쏟아지는 밤비
오겠다는 소문도 들은 적 없는데
하염없는 낙수 소리에
그리움이 터를 내어주고
내 마음에 둥지를 짓고 있다

못다 한 사랑의 둥지
보고 싶어 애타는 둥지
그리움에 목이 메는 둥지
오순도순 모여 작은 마을이 되었다

내리는 빗물은 의미도 모른 체
뜨거운 눈물 되어 영혼을 적시고
사색의 둥지를 틀은 영혼의 히로인
붙잡아 둥지 마을 추장이 되어라 한다

하늘 길

높은 하늘에
길을 열고
덧없는 구름도
말없이 비켜간다

짧은 나그네 길
종착역에서
본향 길 재촉하며
환승하는 나그네

바쁘게 소풍길 마치고
순응하는 약속한 나그네
그대는 백마를 탔을까
흑마를 탔을까

뒤 볼 새 없이
떠나가는 나그네
그분께서 아마도
천마를 하사하셨나 봅니다

황혼 열차

수많은 고난과 역경이
하루하루 감사로 변하여
긴 레일에 미끄러지듯
감격으로 흘러온 여행길

파란 싱그러움이 너울대는
평온으로 위로를 얻으며
영혼으로 독백하는
세월이 무한히 흐르고 흘러

애써 바른길
옳은 길 의로운 길 찾으며
마르고 닳도록 달려온
황혼의 역사에서

그리 멀지 않은
종착역을 향하여
다음 열차는
실수 없이 후회도 없이
천국행 열차를 기다린다.

홀로서기

함께하는 세월이 오랠수록
도와주는 것이 아니라
제 몫을 서로가 분담하는 것이다

점점 해를 거듭할수록
몸은 쇠하고 약봉지만 늘어 가는데
힘에 부치고 버거워지는 현실 속에서
누가 먼저 원하지 않더라도
이별이든 사별이든 짝 잃은 날이 온다면~

모두 다 해주길 바라지 말고
스스로 제 몫을 헤쳐 나가는
지혜가 필요하지 않겠는가.
언젠가는 홀로서야 할 테니까

황혼길 만나기 전에 학습이 필요하다
짝 잃은 외기러기 되어도
그 빈자리가 편안히 덮어지고
홀로서기에 성공할 테니까

내 삶의 조각들

누구나 내가 원해서 응애응애~
울면서 세상을 만난 것은 아니요
어떻게 살았냐고 물을 일도 아니요

주어진 자리에서 최선을 다하며
온갖 노력으로 버티고 견디고
즐기며 지금 이곳에 서 있을 테니까요

흘러간 세월에 조각조각 얽힌 사연
넘어지고 일어서고 울다가 웃다가
수많은 크고 작은 주인공과 조연의 역할

성공과 실패 기쁨과 슬픔 꿈과 희망
내 삶의 퍼즐에 하나씩 채우며 미완성
조각들 소풍 길에서 보물찾기할래요

불효자는

불효자는 웁니다.
효도하려 할 때 부모님은
기다려 주지 않는다.

귀가 따갑도록 들어온 말
모르는 자녀 없을 터
제아무리 자녀가 많은들
차라리 없으면 불쌍타나 할까나

수시로 쓰러지고 넘어지나
거동 수발 손이 없다
육 남매 자식 제 바쁘다 두문불출

환갑 지난 사위 수발 민망해
요양원 거절도 못 해보고 멍든 가슴 다독여
소리 없이 속울음 삼키시며
무거운 발걸음 재촉하여 거처를 옮기셨네.

동네 한 바퀴

오래전 정해 놓은 동네 한 바퀴
이런저런 핑계로 소홀이 한 후유증
정신 차려 내 몸 살리자 재다짐하고
저녁 9시가 되면 무조건 밖으로 나간다.

한 푼도 제대로 써 보지 못하면서
돈이 되는 폐지 모으러 다니시는 어르신
돈도 벌고 환경도 살려 보자
페트병 찾아 재활용 봉지 뒤지는 사람들

운동시키러 나온 강아지 엄마 아빠들
밖으로 나와 담배 피우는 사람들
나처럼 걷기 운동 나온 사람들까지
별의별 사람들이 다 스쳐 지나간다.

구경하며 걷다 보면 다섯 바퀴 40분 소요
나에게 딱 맞는 최상의 운동
작심 한 달이 훌쩍 하루도 빠짐없이
최선을 다하여 내 몸 살리기 하고 있다.

떡국

설날에만 맛볼 수 있었던
귀하고 귀한 명절 음식
동네 아낙들 가래떡 빼기 위해
방앗간에 밤새 줄을 섰다

집집마다
굳어진 가래떡 써느라
도마소리는 한석봉 어머니가 되었다

설날 아침 가족들 모여 앉아
여러 가지 고명 예쁘게 꾸며 차려놓은 떡국
덕담으로 맛을 더하며 시끌벅적 다복한 모습들

어르신들께 세배 갈 땐 떡국을 끓여
정성스럽게 갖다드리며 세배하던
풍습도 지금은 보기 드물다

세월이 흐르다 보니
먹고 싶으면 언제든 먹을 수 있는 떡국
나는 지금도 좋아해서 가끔 끓여 먹는다.

하늘로 간 꿍이

11년을 가족처럼 살면서 정이 들어
큰 자리를 차지하다 멀리 떠나고 없다

잘생기고 영리한 명품 고양이 꿍이
온갖 재롱으로 즐거움을 주던 꿍이

빈소를 마련하고 영정 사진도 놓고
화장 매장까지 진심으로 애도하며 보냈다

동물과 사별하며 그토록 슬퍼하였을까
헤어짐이 아쉬워 너무너무 많이 울었다

전혀 이해하지 못했건만 접해 보니
이제는 알 것 같아 아무도 탓하지 않는다.

애완동물도 정이 들면 헤어지기 쉽지 않으니
함께 사는 일 다시는 하지 않기로 다짐했다

일상의 노래

삶은 ing
과거는 흘러가고
뒤돌아보며 교훈을 얻고
깨달으며 진행 중이다

천차만별의 사람을 스치고
고마움 그리움 아쉬움을
남겨두고 부딪치고 만나고
또 그렇게 진행 중이다

더불어 살아가는 삶
조금은 손해도 덮어가며
감사도 고마움도 주거니 받거니
일상의 노래는 그렇게
아름다운 하모니로 ing

노(老) 주부의 명절

명절이 다가올 때면 꼭 하는 말
이번에는 정말 아무것도 하지 않겠다. 다짐한다.

명절 며칠 전부터 시장에 다녀와, 집에 와서
꺼내보면 명절음식 재료들 몸이 기억하고
챙긴 것이니 누구를 탓하나 가족들 먹일 생각에
힘든 줄도 모르고 준비 노동에 시간이 흐른다.

착한 며느리가 함께하니 더욱 신이 나고
갖가지 음식이 완성되어 유명 맛집이 부럽지 않다
정성껏 담아 이웃 어르신 외로움도 날리고
가족들은 먹는 즐거움 분위기가 상승되어
이 명절에 행복이 넘치는 듯 감사도 넘친다.

또 나를 혹사시키고 빈 웃음만
지친 몸을 약으로 다스리며
나에게 다짐한 말을 지키지 못하고
다음 명절엔 지켜질까 또 숙제로 남긴다.

철없던 시절

멀리 떠나간 그님을
잊지 못하고 지는 해 붙잡고
애가 타도록 달님에게 하소연
목이 빠진 기린이 되었을까

다리 밑에 버린 사람도
장터에 놓고 간 사람도
끼니 거른 배고픈 사람도
겁나 겁나 많았다고
말해 주었다면 그토록
원망하지 않았을 것을~

고향집에 덩그러니
부모 정이 메마른 어린아이
할머니랑 지낸 고된 사연
세월을 따라와 생각해 보면
복에 겨워 응석을 부렸으니
부끄럽고 철없던 시절이었다.

영원한 친구

숨 가쁘게 달려온 세월 앞에
주름과 나이만 늘어 가는데
어디가 아픈 건 아닌지
밥은 잘 먹었는지 그립고 보고 싶고 궁금하구나.

어쩌다 만나면 맨날 본 듯
무척이나 친한 척 악수로 반기며
꼭 잡은 두 손 놓을 줄 모르고
마음만은 언제나 동심이어라

친구야 우리
걸을 수 있을 때 볼 수 있을 때
먹을 수 있을 때 가끔씩 보고 살자

근심걱정 날려 버리고 건강하게
언제든 만나서 철없는 웃음으로
폼 나게 즐기며 밥 한번 먹자~~

어린 시절 하굣길

누렇게 익은 보리밭
동무들과 너도나도 달려가
고사리손에 한 움큼씩 꺾는다.

빈 밭에 모아 놓고
머시매 동무들이 부싯돌로
가까스로 불을 피우고 누런 보리 목을 굽는다.

톡톡 튀며 그을어진 보리 목
고사리손으로 싹싹 비벼 호호 불어 껍질 날리고
새파란 보리알 한 입에 털어 넣는다.

꼬맹이들 주린 배 달래고
얼굴은 숯검댕이로 분칠 되어
서로의 얼굴을 보며 웃어 대고

마냥 즐겁게
시울 물에 풍덩 미역 감고
발걸음도 가볍게 달려간다.

집에 가면
혼쭐이 날 걸 깜빡하던
어린 시절 하굣길

고목

한 세월 눈물로 밥을 짓고
뼈마디 고장 난 소리
한숨으로 포개고 주름진
골마다 자식 이름 새겼네.

모진 세파 겁 없이 청춘은 날아가고
이제는 한시름 걱정 놓을까 하니
지팡이 벗을 삼고 넘어지고 깨어지고
용안은 멍으로 물들어 성한 곳 보이지 않네.

어느새 팔순을 맞은 생신날
가엾은 나의 껍데기 처량한 낙엽이 한잎 두잎
쇠약한 나무는 가눌 수 없는 고목이 되었네.

제5부

작은 국화

새싹

추운 겨울 깊은 잠
어둠 속에서
무슨 꿈을 꾸었을까

겨우내 품은 꿈 이루려
꽁꽁 얼은 벽을 박차고
소망의 눈을 뜬 밝은 세상

소생의 벅찬 힘으로
파릇파릇 단장하여
눈을 열어 떡잎으로 반기며

희망의 봄
미소의 봄
나팔수가 되었구나.

우리도 모진 겨울 견디며
예쁘게 찾아오는 너를
많이 기다리고 있었나 봐

만개한 벚꽃

화창한 봄날 가는 곳마다 꽃들이 유혹하고
여의도 윤중로 벚꽃 축제에 몰린 인파는
꽃보다 더 많은 것처럼 시끌벅적하고
활짝 핀 꽃길 남녀노소 어우러져 흥미진진하다

찬란하게 휘늘어진 국립 현충원에 수양벚꽃
연한 핑크빛 드레스를 휘감고 부끄러운 듯
볼이 살짝 불그레하며 반갑게 환영을 하나
경건함이 묻어 엄숙하고 조용하다

봄날에 내리는 눈발같이 만개한 꽃잎이
바람에 흩날리며 아름답고 숙연하게
송이송이 메시지는 조국의 안녕을
간절히 소원하는 백성들에게 위로를 보낸다.

할미꽃

고개 숙인 할미꽃
겨울잠에서 나이를 다 먹었구나
나올 때부터 붙여진 이름 할미꽃

허리 굽은 할미꽃
허리가 아파서 펴지 못하시나
부끄럼 많아 고개를 못 드시나

수염이 난 할미꽃
보숭보숭한 수염의 근엄함인가
깊은 연륜에 익어간 겸손함인가

세상 빛으로 깨어난 고귀한 꽃
흉내도 따를 수 없는 자태의 명품 꽃
공경이란 꽃말을 가진 근엄한 할미꽃

개나리

휘묻이나 꺾꽂이로 번식이 잘되고
병충해도 추위도 잘 견디며
양지바른 곳이면 어디든 좋아하는 개나리

모여 살면 더 아름다운 의좋은 형제
봄이 오면 서부 간선도로 뚝방에 만발한
개나리꽃 노랗게 휘늘어진 화려함을 뽐내며
눈부시게 반짝이는 노란 울타리를 보았는가.
주행 중에도 빼앗기는 시선에 탄성이 터진다.

마음이 보드랍게 안정감을 전하는 꽃
희망과 기대를 듬뿍 주는 개나리꽃
멀리 보면 아롱아롱 은은함에 더 취하게 하는 꽃
이 봄에도 어디선가 만날 그리움에 설렌다

민들레

바람이 친구 되니
하늘 놀이터 창공에서
홀씨 되어 둥실둥실
천사의 영혼 춤을 춘다.

떨어져 머무는 곳이
불평 없는 명당 자리
밟히면 잡초요
뽑히면 약초이니

앙증맞은 꽃으로
사람들에 관심 붙들면
황홀한 생애 대만족
다시 태어나는 민들레

장미꽃

예쁜 것이 죄인가
가만있어도 유혹
누구나 겁 없이
황홀해 빠져든다

몸에는 가시 방패
찔리면 아프다
눈으로 전하고
가슴으로 말하라

아름다움,
그 모습이
정열의 사랑이니까
함부로 덤비지 마라
수호신이 버틴다.

목 백일홍(배롱나무)

무더위를 견디며 세 번을
피고 지면 벼가 익는다는
한여름에 피는 강인한 꽃
목 백일홍이란 이름도 나무가
백 일 동안 꽃을 피워 얻었을까

키가 훌쩍 커 가로수 임무 맡은
아기 볼을 닮은 핑크빛 꽃잎
꼬마드레스 자락을 휘날리듯
드물게 끼어있는 하얀 꽃잎
반하도록 내 마음을 훔쳐 간다

남쪽에서 가로수로 많이 보았던 꽃
동작우체국 국화 되어 정문을 지키며
도로 지킴이로 자주 만나는 친근한 꽃
얄밉도록 여리여리한 꽃잎으로
나의 감성을 마구 흔들고 있다

하얀 백합

맑고 깨끗한 하얀 백합
탐스러운 꽃잎으로 어우러져
코끝이 찡한 향기로 눈길을 잡는다.

고된 일상을 넋두리하는 나그네
다독이는 미소가 우울한 표정을
바꾸고 즐거움에 스며든다.

교회 화단에 핀 하얀 백합도
나그네의 발길을 붙잡고
잠든 마음을 흔들어 깨운다.

하얀 백합 어디서 보아도
놓치고 싶지 않은
순결하고 순수한 사랑의 꽃말

향기로운 열매가 되어
나그네의 미소를 전할 수 있는
아름다운 행복을 살며시 들여다본다.

빗소리

방울방울 맺히는 그리움
가슴 깊이 파고드는 흔들림

은은한 빗방울 소리 기대어
한밤을 촉촉이 고독으로 적시고

그대여 주룩주룩 빗줄기 따라오소서
쓸쓸히 떨어지는 나뭇잎 밟고 오소서

처마에 부딪치는 마주 닿는 빗소리
아리한 사랑이 반짝이는 새벽을 쫓는다.

장맛비

농부들의 타들어 가는
가슴을 촉촉이 적시어 전 국민의
가뭄을 해갈하였다니 감사합니다

장마가 길어져 또 다른
이차적인 피해가 없기를 바랄 뿐이며
태풍도 필요만큼만 와주었으면
얼마나 좋을까 간절히 바라봅니다

나는 비를 그다지 좋아하지 않는다.
그래서인지 비교적 비를 잘 피해
다니는 편이다 비의 요정처럼~
간혹 주행 중에 마구 비가 내리다
목적지에 도착하면 뚝 그쳐있거나
실내에서 일 보는 동안 억수로 쏟아지더니
밖에 나가면 이미 비는 오지 않는다.
귀찮은 우산을 들지 않으니 감사합니다

비가 계속되면 모든 게 눅눅하고
쾌적함이 없고 기분도 꿀꿀하고
불쾌지수만 상승한다.
나의 주변에는 비를 좋아한다는 사람들이 있다
왜 좋을까? 궁금해집니다.

해바라기

액자에 그려 넣고 저마다
귀히 여기는 마음 착한 해바라기
오로지 해님만 바라고 따라가는
하늘지기로 명을 받았다

뜨거운 사랑에 빠져
넋을 잃고 바라다
붉은 노을 토하며 숨어 버리면
맥없이 고개를 숙인다.

아침 햇살 따가운 몸짓으로 보듬으면
한마디 불평 없이 자연의 명을 따라
활짝 미소로 반겨주는 짝사랑의 챔피언
일편단심 해바라기 복주머니가 되었다

둥근달

바람이 엔진을 달았다
하늘에 생긴 고속화 도로
구름 위에 달이 가듯
달 위에 구름 가듯
경주하며 손살로 흘러간다.

오늘 밤
우리 집 앞 둥근달
유난히 크고 밝으니
오늘이 동동주를 먹는 날인가

근거리서 폼을 내는 달덩이
소쿠리에 받치면 툭 담아질 듯
옆에 있는 가로등이
부끄러워 얼굴을 가린다.

외로운 꽃 무릇

보이지 않는 사랑하는 임을
바라고 원하고 기다리는 상사화

잎이 지면 꽃이 피고
꽃이 지면 잎이 피는

꽃과 잎이 영영
만나지 못하는 운명의 놀이

보드라운 볼을 개고
살랑살랑 애교를 부리지만
무정한 임은 보이지 않는다.

실오라기 같은 붉은 꽃송이들
외로운 마음 합하여 장관을 이루니
명물로 축제에 주인공이 되어 위로를 얻는다.

달맞이꽃

밤마다
임 그리워
곱게 단장하고
홀로 빈집을 지킨다.

밤사이
그리운 임 왔을까나
고이 접힌 꽃잎
아침 이슬에 젖는다.

바람아

봄볕에 파르란 보리 순
동백기름 바르고
하늘하늘 유희할 때
말없이 너는 그곳에 있었지

밭 가는 농부 이마에
땀방울 송알송알 맺힐 때
반가이 스치며 그곳에 있었지

꼬까옷 갈아입은 나무들
고운 옷 한 잎 두 잎
벗어던지며 스트립쇼 할 때
너는 그곳에 있었지

악보가 없어도
멜로디가 없어도
모든 사물이 춤추고
노래하고 유희하는 날

보이지 않는 주인공으로
각본 없는 연출자로
순진한 소슬바람으로
화가 나면 커다란 태풍으로
그렇게 흔적만 남긴 너는 그곳에~

강물

유유히 흐르는 저 강물은
잔잔한 침묵으로 길손을 유혹하여
낭만에 빠뜨리는 미덕을 가졌구나.

물속 궁전은 각종 생물들
삶의 터전으로 내어 주고 위에서는
물새들이 지지배배 사랑 노래 부른다

소리 없이 먼 길을 흐르고 흘러
드넓은 바다로 하얀 파도와 벗이 되어
생존의 힘찬 유희가 수평선을 덮는구나.

몽돌

거센 물살에 부딪히고 떠밀리고
이리저리 부서져도 불평하지 않으며

수많은 역경 견디고 참아내며
조금도 반항이 없고 성냄도 없다

현실을 너그러이 이해하고 보듬으며
모난 부분 다듬어 감동의 시선을 모으고

잔잔한 물살 반주로 노래하며
송사리 떼 벗을 삼아 집을 내어 반긴다.

너에게 인내를 학습하며 불평을 버리고
둥글게 다듬어 가는 진리를 배워본다

작은 국화

떠나려는 늦가을이 아쉬워
찬 서리에 더 강한 진통제를 맞았을까
멀지 않은 삶을 놓지 못하고
고운 모습 애써 지키고 있다

사람들의 시선을 받으며
도란도란 모여 앉아
예쁘게 아름다움을
발산하고 있는 작은 국화

"참 예쁘구나."
"고 녀석 잘 버티고 있네."
보는 이들의 칭찬 소리에
희망과 용기를 얻었구나.

색색이 사연 담아
송이송이 기대어
추위도 견디고 버티며
겨울을 마중 나온 작은 국화
비추어진 나를 보고 있다

국화차

까실까실 마른
노란 국화 꽃잎
뜨거운 주전자 안에
둥지를 틀고 둥둥 배 띄우면
삐~나팔 소리에 깜짝 놀라
다시 꽃으로 피어난다.

어여쁜 꽃으로 눈의 피로
마음의 피로 날려주고
그윽한 향기 가득 담은
전신피로 회복제
찻잎 되어 우리 곁에 다가와
차분한 위로를 안겨준다

무거운 몸 풀리고
뜨거운 가슴 속 지긋이 닫힌 눈
국화 향기 손짓 따라
천리 향 만리 향에 흠뻑 취해서
가벼운 쉼 찾아 무릉도원 더듬는다.

겨울나무

철마다 갈아입은 고운 옷과
꽃과 열매도 아낌없이 벗어내고
앙상한 민낯이 부끄러워
차가운 얼음 옷도 거절 못 하네.

추워도 묵묵히 목마름 달래고
무정한 칼바람 다스리며
싹 틔울 새봄의 희망 안고
움 알이 고통도 아픈 줄 모르네.

인생의 황혼을 닮은 듯
사철 푸르른 소나무가 부럽고
앙상한 가지에 외로운 까치밥 하나
하얀 눈꽃 드레스가 고뇌를 덮었네.

시인의 사랑과 사색(思索)

윤제철(시인 · 문학평론가)

1. 들어가는 글

문학은 나이를 먹지 않나 보다. 나이를 먹어 시작해도 늦지 않은 것처럼 열성적으로 물 주고 거름 주면 문학은 싹을 내고 가지와 이파리가 무성하게 자라 꽃을 피운다. 열매도 실하게 달려 부럽지 않다. 어디 그뿐인가, 일반 생활을 하는 사람들보다 더 생기가 있고 파릇파릇하게 싱그러운 삶의 패기를 생활 깊숙이 간직하고, 아직 직장이라는 생활 전선에 발을 내딛고 열심히 살 수 있는 원동력이 되었다.

이현숙 시인은 어떤 일을 앞에 두고 두려워하거나 망설이지 않는다. 매사에 도전 먼저 해놓고 씩씩하게 밀어붙인다. 나이보다 훨씬 젊게 활력을 지니고 긍정적이면서도 적극적인 사고방식을 사물이나 사건에 대한 관찰하면서 은유를 통하여 남다른 발상으로 부여되는 의미를 다양한 대화를 통하여 찾아내고 있다.

근면 성실하고 주어진 과제를 놓치지 않고 수행해 왔다. 바쁜 와중에도 차곡차곡 쌓아둔 시 창작 원고를 어느새 모았는지 넘치는 분량을 제하고 이메일로 보냈다고 연락을 받았다.

반가운 일이다. 글을 쓰겠다고 찾아온 때가 엊그제 같은데 등단하고 창작활동을 하면서 향상된 시 세계를 많은 독자들 앞에 내놓게 된 사실이 자랑스러웠다. 첫 시집 발간을 축하하며 더욱더 정진할 수 있는 밑거름이 되기를 바란다.

2. 시인의 사랑과 사색(思索)

① 시인의 사랑

「나의 공책」에서 불평 한마디 없이 들어주기만 하고, 잠들지 못하는 공 시간을 채워주는 공책은 잊고 있다. 다시 찾은 나의 친구다. 「마음이 쉬어가는 자리」에서 몸이 쉬는 것보다 마음이 쉰다는 것은 스스로 알아차리지 못한다. 마음이 쉬어가는 자리가 없으면 진정 편한 걸 느끼지 못한다. 「인생은」에서 인생은 후회와 반성의 연속일 뿐 두고두고 기억할 만한 기쁨과 보람을 찾거나 간직하기는 매우 힘들다.

「나만의 비밀」에서 참고 견디며 흠집을 감추다가 혹여 해결의 실마리라도 얻을까 기대하며 털어놓은 결과는 차라리 말을 하지 말 걸 그랬다며 후회한다. 「우체국의 하루」에서 탐스러운 꽃잎 꽃봉오리 나팔

소리에 일손을 재촉한다. 다독이는 미소가 너무 예뻐서 땀 흘린 모두를 위로한다.

오랜만에 다시 찾은 나의 공책
누군가 얘기하고 싶을 때
오로지 나의 벗이 되어주는 너

불평 한마디 없이
그냥 들어주기만 하는 너
쓰고 지우고 제멋대로 마구
그어대도 탓하지 않는 너

잠들지 못하는
공 시간을 채워주는 네가 있어
나는 얼마나 다행인지 모른다.

너무나 고마운 나의 공책
너는 나의 영원한 친구이다

—「나의 공책」 전문

공책은 무엇을 쓰거나 그릴 수 있도록 매어 놓은 백지 묶음이다. 누구에겐가 하고 싶은 말을 하고 싶어도 들어주는 이가 없어 시도조차 못 하고 있었다. 불평 한마디 없이 들어주기만 하고, 잠들지 못하는 공 시간을 채워주는 공책은 잊고 있다 다시 찾은 나의 친구다.

누구든 내 말을 듣고 대꾸를 하지 않는 사람은 없

다. 마음에 들고 말고에 따라 달리 표현되는 심정에 따라 상대한다는 것은 쉽지 않다. 그런데 어떤 말을 하던 대꾸가 없는 상대가 있다면 공책뿐일 것이다. 부담 없이 하고 싶은 말을 다 한다면 얼마나 좋을까?

일상에 존재하는 많은 사물을 접하지만 쉽게 찾지 못하는 대화의 상대다. 공책은 그냥 스쳐 지나칠 뿐이다. 그러나 다를 때 느끼지 못하던 것도 사물에 대한 응시로 관찰의 상대가 되는 인연 맺기는 예민한 감각을 지녔는지 여부에 따라 좌우되는 축복이다.

높고 푸른 청아한 하늘
하얀 구름이 둥실둥실
신비한 그림 놀이 흠뻑 취해
답답한 나의 마음도 데려간다

파란 창공이 내어주는
가장 넓고 긴 나의 벤치
마음이 쉬어가는 자리

무거운 짐 벗어놓고
마음껏 머물러 쉬어가라
포근한 구름방석 사뿐히 내려준다

어제의 후회와 반성을 다스리고
오늘의 감사와 행복을 보듬으며
내일을 계획하는 에너지를 충전한다.

—「마음이 쉬어가는 자리」 전문

하얀 구름의 그림 놀이는 답답한 내 마음을 데려가 쉬어가게 하는 자리다. 짐 벗어놓고 쉬어가라 구름방석까지 내려주고, 어제의 후회와 반성, 오늘의 감사와 행복, 내일을 계획하는 에너지를 충전하기 위하여 하던 일을 멈추고 몸을 편안한 상태가 되게 하는 자리다.

이 세상 사람 모두가 해와 달을, 그리고 구름을 보는 것으로 알고 있지만 그렇지 못하다. 나름대로 하는 일에 몰두하다 보면 눈앞의 것에 팔리고 만다. 봄이 온다 한들 꽃이 피는지 이파리가 피는지 모르고 지나갈 수밖에 없다. 여름이 와야 비로소 봄이 벌써 갔다고 한다.

쉬는 것만큼 생기를 찾고 주변을 살펴볼 수 있는 여유를 찾아주는 것도 없다. 더구나 몸이 쉬는 것보다 마음이 쉰다는 것은 자기 자신이 스스로 알아차리지 못한다. 몸이 건강하고 편하더라도 마음이 쉬어가는 자리가 없으면 진정 편한 걸 느끼지 못한다.

인생은
예행연습도 맞지 않고
녹화도 아니 되며

되감기도 할 수 없으니
미리 보기는 더더욱 아니 돼요

둥실둥실 떠가는
뭉게구름 사이에
소중히 저장하여
세월 속에 맡기고

아름다운
추억을 더듬어
즐겨찾기 하면 행복하리요

—「인생은」 전문

사람이 세상을 살아가는 일이 인생이다. 다른 동물들에 비해 뒤떨어지는 것들이 많아도 만물의 영장으로 군림하고 있다. 누구든 이 세상을 경험 없이 처음 살아보는 까닭에 낯설고 어설프며 앞날을 모르고 살고 있다. 다만 지나간 날들의 추억을 되새기며 살고 있다.

살아온 날 중에 즐겁고 행복하여 또 오기를 바라는 흡족했던 날들이 있는가 하면, 다시는 생각하기조차 싫고 오지 않기를 바라는 날들도 있다. 오죽하면 꿈에 다시 보일까 봐 몸서리쳐지는 끔찍한 일이라고 표현해야만 했을까?

인생의 즐거운 일들은 순간적으로 보내면 쉽게 잊히고 슬픈 일은 빨리 잊고 싶지만 잊으려 하면 할수록 더 생각나 오랜 시간이 필요하다. 그러다 보니 인생은 후회와 반성의 연속일 뿐 두고두고 기억할 만한 기쁨과 보람을 찾거나 간직하기는 매우 힘들다.

너에게만 말한다.
너만 알고 있어라
누구나 그렇게 믿고 말한다.

하지만,
너는 또 다른 너에게
하지 말라는 말까지 더해서 말한다.

더욱 신이 나서 더 많이 부풀려서
흘러 흘러 거대한 거품을 일고
폐수의 웅덩이로 자꾸자꾸 밀어서
결코 영원한 비밀은 없다고 말한다.

비밀은 무덤까지 가져가라 했다
바보가 되는 건 한순간이니
내 가슴에 묻어라

내가 지키지 못한 비밀은
그 누구도 지켜 줄 수 없으니
밝은 내일은 오직 나만의 비밀이다

―「나만의 비밀」 전문

비밀은 숨기어 남에게 드러내거나 알리지 말아야 할 일이다. 비밀을 지킨다는 것은 쉬운 일이 아니다. 비밀이라고 강조하지 않으면 그냥 스쳐 지나칠 일도 비밀이라는 말을 하면 괜스레 입이 간지러워 참지를 못한다. 나만 알고 있는 것 같아 자랑하고 싶은 것이다.

나만의 비밀은 나 자신의 일일 수도 있지만 남의 일이라도 신신당부하면서 말하지 말라는 것들이다. 잘 지켜지고 있던 비밀도 상대와 사이가 나빠지거나 언짢은 대우를 받으면 자기 주장을 위한 무기로 사용하고 적이 되고 만다.

흠집이 없는 사람이 어디 있을까만, 참고 견디며 흠집을 감추다가 혹여 해결의 실마리라도 얻을까 기대하며 털어놓은 결과는 차라리 말을 하지 말 걸 그랬다며 후회한다. 긁어서 부스럼이나 만든 격이 되고 만다. 쓸데없이 밝혀져 난처하게 얼굴만 붉히는 것이다.

해마다 우체국 화단에
당당히 피어나는 하얀 백합
새벽을 여는 직원들의 마음을 깨운다.

나팔수가 모여 만든 꽃 봉오리
탐스러운 꽃잎으로 어우러져
은은한 향기로 바쁜 일손을 재촉한다.

땀 흘린 집배원들까지
다독이는 미소가 너무 예뻐서
즐거움에 취해 또 하루의 용기를 얻는다.

직원들의 따뜻한 미소로
순수한 사랑의 마음을 전하며
우체국 오늘의 업무를 사뿐히 종료한다.

—「우체국의 하루」 전문

예전에는 편지나 전보를 떠올리던 우체국은 과학기술정보통신부에 딸려 우편, 우편환, 우편 대체, 체신 예금, 체신 보험, 전신 전화 수탁 업무 따위를 맡아보고 있다. 분주하기만 할 그곳의 하루를 현장에서 생동감 있게 전하는 업무일지의 한쪽을 열어보고 있다.

화단의 하얀 백합이 직원들의 새벽 마음을 깨운다. 탐스러운 꽃잎 꽃봉오리 나팔소리에 일손을 재촉한다. 다독이는 미소가 너무 예뻐서 땀 흘린 모두를 위로한다. 직원들의 따스한 미소로 사랑의 마음으로 답하며 하루를 마친다. 불편한데 없이 편한 우체국의 분위기다.

직장은 생계를 꾸려 나갈 수 있는 수단으로써의 직업으로 일하는 곳이다. 일을 하자면 정신적이거나 육체적인 에너지가 필요하다. 가능하면 장소나 시설, 그리고 조직원 간의 유대와 협조가 능력을 배가할 수 있을 것이다. 하얀 백합, 나팔수, 직원들의 결합을 다진다.

② 시인의 사색(思索)

「단풍잎」에서 그 모습이나 색깔은 우리의 삶의 성장과 익음의 의미를 흡사하게 감정을 이입한 것처럼 공유하고 있다. 「작은 국화」에서 빈틈없이 꽤 단단하고 굳세 참 야무지고 단단하게 생겼다. 작으면서도 갖출 것은 다 갖추어 아주 버젓하다.

「계절의 다툼」에서 다툼은 의견이나 이해의 대립으로 서로 따지며 싸우는 일이다. 계절만 다투는 것이 아니라 지구상에 모든 존재들은 영역에 대한 욕심을 지니고 산다. 「해바라기」에서 해만 바라다보는 해바라기마냥 행복만을 바라다보는 사람들의 염원을 담고 기대감을 잊지 않겠다는 약속이다.

온갖 노폐물 짊어진 채
불평하지 아니하고
당당하게 폼 내며
곱게 색동옷 갈아입었네.

많은 사람들의 발길을 붙잡고
카메라 렌즈 앞에서는 멋진 배경으로
화가의 손끝에선 아름다운 풍경화로
시인들에 눈에 띄면 시심을 심어주었네

떨어지면 밟혀지는 아픔을 알면서도
내 생애 절기를 마감하는 책임과 의무라고
한 해를 마무리하는 보람으로
파릇한 새싹으로 피어나는 새봄을 기다리네.

—「단풍잎」 전문

단풍은 식물의 잎이 적색, 황색, 갈색으로 늦가을에 변하는 현상이다. 대기 오염으로 노폐물을 짊어진다 해도 변함없이 때가 되면 파랗던 이파리가 곱게 변하여, 가을의 대명사가 되고 모두의 관심을 갖기에 충분하다. 낙엽으로 마무리되는 의무는 새 시작의 책임을 부른다.

단풍은 봄의 연둣빛 신록 이파리로 시작하여 여름에 초록빛 녹음으로 절정에 올랐다가 가을이 되면 울긋불긋 나무나 풀마다 다른 빛깔로 변하여 나름대로 멋을 낸다. 그 모습이나 색깔은 우리의 삶의 성장과 익음의 의미를 흡사하게 감정을 이입한 것처럼 공유하고 있다.

단풍은 이파리가 고운 빛깔로 물들어 있는 동안 부르는 이름이다. 단풍이 떨어지면 낙엽이란 이름으로 바뀐다. 두 이름은 존재감의 엄청난 차이 때문에 외부 힘으로 떨어지거나 붙어 있을 수도 있으니 약속한 운명의 키를 쥐고 있는 바람이 야속할 뿐이다.

떠나려는 늦가을이 아쉬워
찬 서리에 더 강한 진통제를 맞았을까
멀지 않은 삶을 놓지 못하고
고운 모습 애써 지키고 있다

사람들의 시선을 받으며
도란도란 모여 앉아
예쁘게 아름다움을
발산하고 있는 작은 국화

"참 예쁘구나."
"고 녀석 잘 버티고 있네."
보는 이들의 칭찬소리에
희망과 용기를 얻었구나.

색색이 사연 담아
송이송이 기대어
추위도 견디고 버티며
겨울을 마중 나온 작은 국화
비추어진 나를 보고 있다

—「작은 국화」 전문

봄부터 싹을 내어 가을이나 되어 꽃을 피웠는데 잠깐 피고 지려니 늦가을이 아쉽다. 작은 국화는 곱게 핀 꽃을 지키면서 지지 않고 찬 서리에 예쁘게 아름다움을 버티고 있다. 송이송이 기대어 추위를 견디며 마치 겨울을 마중 나온 나를 보듯 을씨년스럽기만 하다.

꽃송이나 꽃잎이 크고 넓으면 밝으면서도 무게감 있어 우아하면서도 가까이 다가오는 느낌을 주지만 작은 경우엔 시야에서 가까워지기보다 멀게만 느껴지는 것을 막지 못한다. 활짝 펴지 못한 듯 웅크리고 견디어 내는 모습이 힘들어 보이고 안쓰러우니 크고 볼 일이다.

작은 국화는 순수한 기쁨, 친근함으로 꽃말이 전

해진다. 위에서 아래로 내려다보면 알알이 박힌 송이 송이마다 서로를 의지하며 차가운 공기를 밀어낸다. 빈틈이 없이 꽤 단단하고 굳세 참 야무지고 단단하게 생겼다. 작으면서도 갖출 것은 다 갖추어 아주 버젓하다.

봄이 오는 길목에서 부지런히
싹을 틔우는데 겨울이 가기 싫다며
하얀 눈을 펑펑 쏟아 눈보라를 휘둘러
문전박대하며 얼음으로 내쫓는다

봄은 낙심하지 않고 겨울로 가버린 새싹을
끈기로 재생시키며 제 할 일은 다하여
제주도에 유채꽃 고려산에 진달래꽃
황매산에 철쭉까지 아름답게 피워낸다

여름 또한 성급하게 덤비며 큰소리치고
고온과 비바람으로 훼방을 부리지만
봄에 피울까 여름에 피울까 헷갈린 라일락꽃이
벌써 활짝 피어 그윽한 향기로 봄이라 화답한다.

—「계절의 다툼」 전문

일 년은 사계절이 순서대로 번갈아 가며 사이좋게 지내는 줄로 알고 있지만 그 속사정을 알고 보면 꼭 그렇지만은 않다. 대기오염으로 인한 기후의 변화는 위계질서를 깨트리고 있다. 겨울과 여름 사이에 끼어 있는 봄과 가을의 입장 불편은 만만치 않다.

겨울과 여름이 강한 힘을 발휘하며 봄과 가을의 시작을 늦추거나 끝을 당겨 침범한다. 그런 상황이 지속되다 보니 두 계절이 길이가 짧아지고 있다. 사람들은 선입견을 갖고 봄과 가을이 짧아지다가 줄어들면 결국 없어질 수 있다는 걸 염려하게 되었다.

다툼은 의견이나 이해의 대립으로 서로 따지며 싸우는 일이다. 계절만 다투는 것이 아니라 지구상에 모든 존재들은 영역에 대한 욕심을 지니고 산다. 화자는 계절에 대한 감정을 사람들에게 이입시켜 은유된 상상력으로 묘사하여 이미지로 더욱 선명하게 만들고 있다.

액자에 그려 넣고 저마다
귀히 여기는 마음 착한 해바라기
오로지 해님만 바라고 따라가는
하늘지기로 명을 받았다

뜨거운 사랑에 빠져
넋을 잃고 바라다
붉은 노을 토하며 숨어 버리면
맥없이 고개를 숙인다.

아침 햇살 따가운 몸짓으로 보듬으면
한마디 불평 없이 자연의 명을 따라

활짝 미소로 반겨주는 짝사랑의 챔피언
일편단심 해바라기 복주머니가 되었다

―「해바라기」 전문

해바라기는 마치 행복의 상징인 것처럼 집으로 들어오면 잘 보이는 곳에 걸어두고 귀하게 바라보는 일이 근래에 접어들어 상식처럼 널리 퍼지고 있다. 해만 바라다보는 해바라기마냥 행복만을 바라다보는 사람들의 염원을 담고 기대감을 잊지 않겠다는 약속이다.

모든 바람이 꼭 이루어진다는 법은 없다. 로또복권을 취미처럼 사는 사람도 발표가 나기 전까지 기다림의 즐거움을 지닐 수 있어 좋다고 했다. 해바라기는 해가 무슨 생각을 하고 있는지도 모르고 해만 바라다보는 순애보의 대명사로써 짝사랑으로 비유된다.

짝사랑은 혼자 좋아하고 싶은 만큼 상대의 의사와는 관계없이 자유롭다. 상대의 눈치를 볼 것도 없다. '사랑하는 것은 사랑을 받느니 보다 행복하나니'라는 유치환의 시 「행복」의 한 구절이다. 해바라기 그림은 돈 들어오는 풍수다. 쉽게 말하면 운수대통하라는 부적과 같다.

3. 나오는 글

글을 쓰는 사람에게 글은 왜 쓰느냐고 물으면 대답하지 않기도 하지만 대답한다 해도 제각각 다른 내용을 말한다. 누군가는 그랬다. 글을 쓸 때마다 좀 더 나은 삶을 위해서라고. 글을 쓴다고 해서 경제적으로 나아질 수도 없지만 쓰고 나면 성취감에 즐거울 수 있고 행복할 수도 있다.

글은 내부에 있는 자신과 만나서 마치 남을 만난 것처럼 잘못을 꾸짖을 수 있고 칭찬도 해줄 수 있다. 그러니 글을 쓰지 않으면 자신과 만날 수 있는 기회를 얻을 수 없을 것이다. 자신의 모습을 가감이 없이 만나 진정으로 원하는 삶의 방향과 진리를 깨우칠 수 있다.

이현숙 시인은 일상에서 남들 뒤만 따라다니지 않는다. 무언가 먼저 생각하고 실천을 해본다. 물론 다 잘 될 수는 없지만 될성부른 걸 잘 골라 쓸 수 있는 눈썰미를 지니고, 같은 종류의 것 또는 비슷한 것에 기초하여 다른 사물을 미루어 추측하는 감각이 뛰어나다.

시를 쓴다는 고독한 작업을 하면서도 흥미를 놓치지 않는 끈기를 지닌다는 것은 소중한 일이다. 한 편의 시를 쓰는 동안 시인은 정신적인 자신의 영토를 넓히고 있다. 그리고 반성과 각오 사이에서 길어 올린 강한 의지를 세운다. 스스로 시를 쓰기를 잘했다고 자부한다.

이현숙 시인의 시를 읽다 보면 시 안에서 결합된 시어들을 화자가 지금까지 살아오면서 체험한 것들을 거름으로 사용하면서, 자라고 있는 하나의 생명체로 가꾸고 있는 농부의 손길이 보인다. 그것은 관찰한 사물이나 사건을 통해 구할 수 있는 재료들을 화자의 목소리나 호흡에 반영시켜 목공의 맞춤과 이음기법으로 새롭게 만들어지는 구조물을 독자들에게 전달 해주고 있다. 한 편씩 작품이 늘어나면서 관찰 대상과의 대화를 통하여 마음속에서 운율로 이어지는 스토리를 정제해 나가고 있다.

이현숙 시인의 시집 「마음이 쉬어가는 자리」는 모두 5부로 나누어져 1부 「계절의 다툼」, 2부 「나의 공책」, 3부 「마음이 쉬어가는 자리」, 4부 「인생은」, 5부 「작은 국화」로 산업사회의 발달로 팽배해져 가는 이기주의 사회 풍조에서 메말라가는 국민 정서에 촉촉이 단비를 내려주는 시편들로 구성되어 앞서가는 정신세계를 제시하고자 하는 이 시인의 염원이 충분히 전달되어 독자들로부터 사랑을 듬뿍 받는 시집이 되시기 바라면서, 앞으로도 더욱 정진하여 좋은 글을 많이 남기는 시인으로 성공을 빌며 글을 맺는다.

문학세계대표작가선 1070

마음이 쉬어가는 자리

이현숙 시집

인쇄 1판 1쇄 2025년 12월 5일
발행 1판 1쇄 2025년 12월 12일

지 은 이 : 이현숙
펴 낸 이 : 김천우
펴 낸 곳 : 문학세계 출판부 / 도서출판 천우
등 록 : 1992. 2. 15. 제1-1307호
주 소 : 서울시 광진구 구의강변로 85 강우빌딩 7F
전 화 : 02)2298-7661
팩 스 : 02)2298-7665
http://cafe.naver.com/chunwu777
E-mail : cw7661@naver.com

값 18,000원

ISBN 978-89-7954-976-8